La cobra

La cigüeña

La paloma

El mono

La silla

Guerrero invertido

La estocada

La estocada máxima

El rayo

La oración

La luna creciente

El superhéroe

La mariposa

El bebé feliz

Postura de descanso

Título original: *YOGA BUNNY,*
publicado por primera vez en EE. UU.
por Harper Collins Children's Books,
un sello de Harper Collins Publishers, Nueva York
Texto e ilustraciones: © Brian Russo, 2017

© Grupo Editorial Bruño, S. L., 2017
Juan Ignacio Luca de Tena, 15; 28027 Madrid

Coordinadora de la colección: Ester Madroñero

Dirección Editorial: Isabel Carril
Edición: Cristina González
Traducción: Pilar Roda
Preimpresión: Mar Garrido

ISBN: 978-84-696-2103-5
D. legal: M-22032-2017

www.brunolibros.es

Para mi padre.

MI PRIMER LIBRO DE YOGA

CONEJITO y sus AMIGOS

Brian Russo

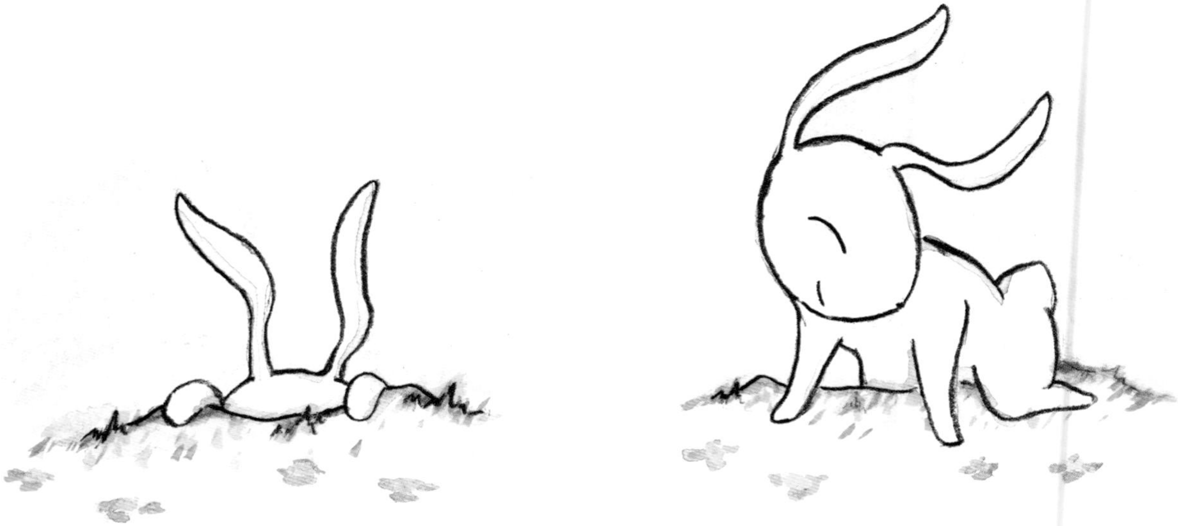

Una mañana, Conejito salió de su madriguera,
se frotó los ojos y se le escapó un GRAN bostezo.
«¡Hace un día perfecto para practicar un poco de yoga!», se dijo.

Conejito bajó la cabeza

y los brazos

e hizo la postura de
la cigüeña.

En ese momento apareció su amigo Lagarto.

«Buenos días, Lagarto», saludó Conejito.
«¿Te apetece hacer un poco de yoga conmigo?».

«¡No! ¡Hoy me he levantado de muy MAL HUMOR!
Mejor me vuelvo a la cama…», respondió Lagarto.

Y se fue todo enfurruñado.

Conejito se quedó muy decepcionado,
pero respiró hondo,

apoyó las manos
en el suelo, echó
las patas hacia atrás

y levantó las caderas para hacer
la postura del perro hacia abajo.

De pronto, su amigo Zorro apareció corriendo.

¡Zum, zum, zummm!

Iba tan rápido que asustó a Conejito.
«¡Aparta, Conejito, que tengo MUCHA PRISA!»,
le dijo Zorro.

«¿No puedes parar un minuto para hacer
yoga conmigo?», le propuso Conejito.
«¡Te ayudará a relajarte!».

«¡No, gracias!», respondió Zorro.
«Prefiero correr a hacer algo tan bobo».

Y se alejó pitando.

Conejito se quedó un poco triste,
pero respiró hondo,
se puso muy recto,

colocó las manos
delante del pecho

e hizo la postura del árbol,
en equilibrio sobre un pie.

De repente, Pajarito aterrizó en la cabeza de Conejito.

«¡HIP! Me ha entrado un HIPO tremendo
y no se me pasa con nada», dijo Pajarito.

«¡Haz la postura del **árbol** conmigo!»,
le dijo Conejito. «Así te tranquilizarás
y a lo mejor se te quita el…».

«¡HIP! ¡De ninguna manera!», le interrumpió Pajarito.
«¡Prefiero tener hipo a hacer equilibrios!».

Y Pajarito se alejó volando.

«¿Por qué nadie quiere hacer yoga conmigo?»,
se preguntó Conejito. Pero después se dijo que hacer yoga
él solo era mejor que no hacer yoga de ninguna manera...

Justo cuando respiraba hondo, echaba una pata hacia atrás,
doblaba la otra pata y subía los brazos para hacer
la postura del guerrero, dos ratones pasaron a su lado.

«¿Crees que Conejito intenta
alcanzar algo?», le susurró
uno de los ratones al otro.

«Eso parece... ¡Y debe de ser algo
muy valioso! ¿Y si lo intentamos
también nosotros?».

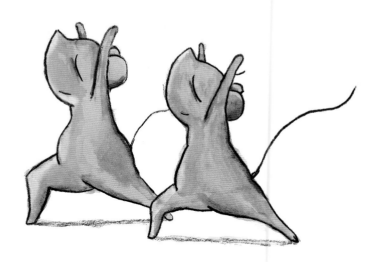

Y los dos ratones hicieron la postura del **guerrero**, igual que Conejito.

Cuando los tres tenían los brazos apuntando al cielo,
Pajarito se acercó volando.

Aún tenía hipo, pero se posó en el suelo, juntó las alas delante del pecho y levantó una pata para hacer la postura del **árbol**, igual que Conejito y los ratones.

De repente oyeron un ruido muy fuerte.

¡Zum, zum, zummm!

Era Zorro, que venía corriendo y,
al ver a sus amigos, puso las manos
en el suelo, echó las patas hacia atrás
y levantó las caderas para hacer
la postura del **perro hacia abajo**,

igual que Conejito,

los ratones

y Pajarito.

Cuando Conejito y los demás respiraron hondo
y se tumbaron de espaldas en la postura de descanso...

¡Lagarto apareció otra vez
y se tumbó igual que ellos!

Conejito estaba tan feliz de que sus amigos hiciesen yoga con él, que empezó a cantar:

«OMMMM...».

Y todos los demás hicieron lo mismo.

«Tenías razón, Conejito: ¡Después de hacer yoga estoy más tranquilo!», le dijo Zorro.

«¡Me alegra haberos ayudado, amigos!»,
sonrió Conejito.

ALGUNOS DATOS SOBRE EL YOGA

La palabra *yoga* proviene del sánscrito, una lengua muy antigua, y significa «conexión» o «unión», como en «conecta tus pensamientos con tu cuerpo», «conecta tu mente con tu respiración» o «conecta tu culete con la esterilla de hacer yoga».

El nombre de una de las formas de yoga más populares, el *hatha,* se formó con la unión de las palabras *ha,* que significa «sol», y *tha,* que significa «luna».

No se sabe cuándo se empezó a practicar el yoga, aunque muchos estudiosos piensan que puede tener entre cinco y diez mil años de antigüedad. ¿Crees que los mamuts lo practicarían? Probablemente no. ¡Con esos supercolmillos, para ellos sería muy complicado lograr algunas posturas!

Muchas de las poses más populares del yoga se inspiran en historias de los dioses y diosas hindúes. Por ejemplo, las posturas de guerreros se basan todas en el poderoso dios Shiva.

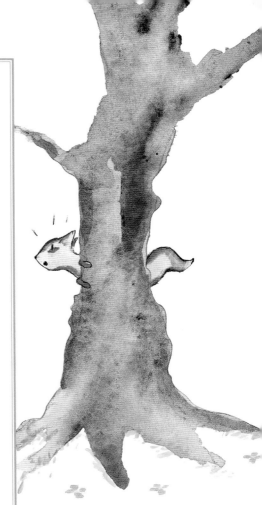

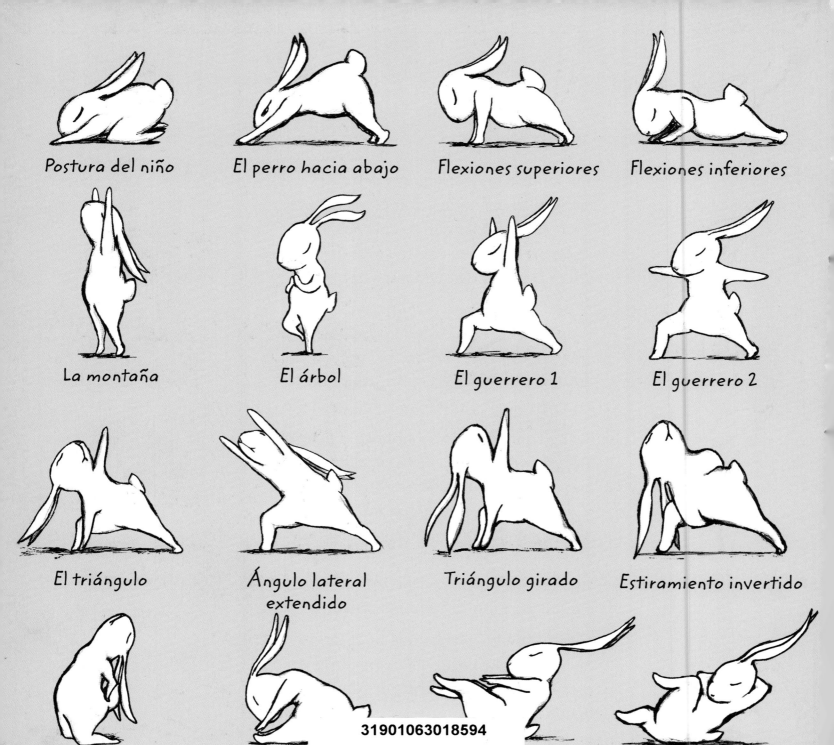

Postura del niño

El perro hacia abajo

Flexiones superiores

Flexiones inferiores

La montaña

El árbol

El guerrero 1

El guerrero 2

El triángulo

Ángulo lateral extendido

Triángulo girado

Estiramiento invertido

El camello

La pinza sentada

El barco

La bicicleta